ESE HERMANO

Difícil

JOSÉ YOUNG

Ediciones Crecimiento Cristiano

Diseño de la tapa: A. Ruth Santacruz

Ediciones Crecimiento Cristiano
Dirección postal: Casilla 3
Córdoba 419
5903 Villa Nueva, Cba.
Argentina

oficina@edicionescc.com.ar
www.edicionescc.com.ar

Primera edición: 12/2005

I.S.B.N. 987-1219-06-7
Queda hecho el depósito que previene
la ley 11.723

Impreso en los talles de Ediciones Crecimiento Cristiano, Junio de 2006

IMPRESO EN ARGENTINA
VC7

Introducción

La riqueza de la iglesia es que somos un cuerpo de hermanos (y hermanas) tan diferentes, con personalidades tan diferentes, con trasfondos y experiencias todos diferentes.

El problema principal de la iglesia es que somos un cuerpo de hermanos tan diferentes...

Aprendemos algunas de las lecciones más importantes de la vida cristiana siendo miembros de la iglesia. Porque es ese contexto el que nos desafía a vivir la regla número dos de la vida: amar a nuestro prójimo como a nosotros mismos (Marcos 12.33).

Y la tarea no es nada fácil, porque en la iglesia, mi iglesia, hay hermanos difíciles. Y reconozco que para varios, yo soy el hermano difícil. El peligro que siempre existe es pensar: "él está mal; yo estoy bien".

Vamos, entonces, con esta serie de estudios, a reconocer algunas de las posibles variaciones del 'hermano difícil' y pensar juntos acerca de pautas bíblicas y prácticas para vivir en armonía y amor.

Para el estudio he utilizado principalmente la Nueva Versión Internacional de la Biblia. Cuando cita a otra versión, lo indicaré con estas abreviaturas:

NVI = Nueva Versión Internacional
BE = Biblia de Estudio, que es la versión "Dios llega al hombre' actualizada.
RV = Reina Valera versión 1995

Índice de temas

1 El 'leproso'

Carlos había sido alumno de la Escuela Dominical durante dos o tres años, pero luego no lo vieron más. Su madre también iba a las reuniones ocasionalmente en aquel tiempo, pero cuando cambió de pareja, también desapareció.

Cuando Carlos apareció de nuevo en la iglesia, ya joven, todos estaban contentos. Pero luego comenzaron los comentarios.

—¿Viste que Carlos anda siempre con Juan? Y sabes qué es Juan...

—Me dijo Claudia que vio a Carlos en el boliche de Los Tres Pájaros. Y ¿qué hace allí? ¡Es la cueva de los gay!

—¿Carlos? Sí, el tipo es homosexual. No tengo dudas.

En el principio Carlos comenzó a asistir a la reunión del domingo, pero cuando la gente lo evitaba, apareció en la reunión de jóvenes. Pero sintió un fuerte rechazo de parte del grupo, y después de unas pocas semanas, no se lo vió más.

Sabemos qué era un 'leproso' en los tiempos bíblicos, ¿no es cierto? Era el intocable, el que la gente evitaba. No entraba en sus casas, no comía con ellos. Carlos es un buen ejemplo de un 'leproso' moderno. Recibe casi el mismo trato que el leproso de la Biblia.

1 ¿Tenemos entre nosotros otros 'leprosos', además de los homosexuales?

Si bien todavía hay 'leprosos' en nuestras comunidades, muchos dirán que no pueden ser 'hermanos'. Pero eso no es cierto. Tal como tenemos mentirosos y adúlteros entre los hermanos, también tenemos 'leprosos'. Están los que se convierten siendo 'leprosos', y otros que caen en la trampa después.

¿Cómo, entonces, debemos tratar al 'leproso', sea dentro o fuera de la iglesia? Por un lado, tenemos el ejemplo de Jesús. Busque el incidente de Marcos 1.40-45.

2 ¿Por qué lo tocó, si estaba prohibido hacerlo y no necesitaba tocarlo para sanarlo? ¡Podría haberle gritado desde cierta distancia!

3 ¿Qué debemos aprender de su ejemplo?

A pesar del ejemplo de Jesús, Pablo incluye una fuerte advertencia en 1 Corintios 5.9-13.

4 ¿Podemos aplicar este pasaje a casos como el de Carlos (principio de esta lección)?

Pensemos un momento. Hay hermanos que luchan con la tendencia a mentir, otros con la tendencia a seducir a la vecina, y otros con la atracción hacia una persona del mismo sexo. La mayoría de nosotros tenemos una atracción a algo que no es sano.

5 ¿Es la atracción a algo un pecado? ¿Será una de estas atracciones más pecadora que las otras?

Para muchos, el SIDA es un caso especial. Por supuesto, una persona con SIDA no es necesariamente un 'pecador'. En el comienzo, el virus se limitaba principalmente a los homosexuales, pero ahora, no. Hay esposas que han sido contaminadas por su esposo errante, o aun niños que nacen con SIDA por culpa de sus padres. En varios casos se han contaminado por una tranfusión de sangre. Y no es raro que una persona con SIDA se convierta a Cristo. En muchos de estos casos, no podemos tildarlo como 'pecador'.

6 Aunque Romanos 15.1 y 7 se encuentran en un contexto un poco diferente, ¿hay un principio aquí que podemos aplicarlos al caso del 'leproso'?

7 Otro pasaje, también un poco fuera de contexto, es 1 Corintios 9.19-23. ¿Hay un principio en este pasaje que podemos, o debemos, aplicarlo al caso del 'leproso'.

Finalmente, hay un refrán evangélico que reza: 'Hay que aceptar al pecador pero no a su pecado.'

8 ¿Cómo podemos poner esto en práctica en nuestra vida personal y en nuestras iglesias?

2 El 'desinflado'

- *Guillermo, ¿cómo estás hoy?*
- *Hola Dan. Y... más o menos.*
- *Pero ¿qué pasa? ¡Ánimo hermano!*
- *Es que tuvimos problemas de nuevo en el trabajo, y me pesa toda esa situación.*
- *Pero no, hermano.¡Tenemos que regocijarnos en el Señor! ¡Vamos hermano! ¡Ánimo!*

Esta escena puede ser un poco exagerada, pero se acerca a lo que muchas veces ocurre.

1 ¿Qué impresión tienes de esta escena? ¿Estuvo bien Dan, o no? ¿Por qué?

Todos tenemos días difíciles. Son esos días en que parece que nada anda como debe ser, y como resultado tenemos un fuerte bajón de ánimo.

Ahora, la pregunta es ¿cómo podemos ayudar a una persona 'desinflada'? ¿Qué actitud debemos asumir?

Mi primera sugerencia es que no debemos retar al hermano que esté bajoneado. No es una situación que nos de motivo para acusarlo de algo.

2 Por ejemplo, ¿qué aprendemos acerca de Pablo mismo en Romanos 9.2 y Filipenses 2.27?

Hay muchas circunstancias que pueden motivar un estado de desánimo: enfermedades, problemas familiares, falta de descanso, etc. A tal persona en esa situación darle un reto no es una solución.

La segunda pauta se basa en un verbo griego, *parakaleo*, que significa llamar a una persona para que esté a su lado. Se traduce muchas veces por 'animar' o 'consolar'. Es el verbo traducido 'animar' en 1 Tesalonicenses 5.11.

3 En base a Mateo 25.36, 2 Timoteo 1.16-17 y Santiago 1.27, ¿cuál sería la segunda pauta?

La tercera pauta aparece en Santiago 1.19. Es un buen consejo para muchas situaciones de la vida cristiana.

4 Pero, ¿cómo aplicamos este versículo a la tarea de ayudar al hermano 'desinflado'?

Filipenses 4.6-8 nos da dos pautas más acerca de nuestra tarea.

5 ¿Cómo aplicamos estos versículos a la tarea de animar al 'desinflado'?

a/

b/

6 La última pauta se encuentra en Hebreos 10.25. ¿Por qué es tan urgente esta pauta?

Caín preguntó a Dios (Génesis 4.9) 'Acaso soy yo el que debe cuidar a mi hermano?' Y la respuesta para él y para nosotros es 'sí'. Vez tras vez las Escrituras nos exhortan a animar a nuestros hermanos, a acercarnos, a acompañarlos en sus necesidades.

Dios nos consuela para que podamos consolar a otros (2 Corintios 1.4).

Pero convendría tomar en cuenta la advertencia de Proverbios 25.20, dicho que nos hace pensar en la escena entre Dan y Guillermo en el principio de este capítulo.

7 ¿Cómo interpretamos esa advertencia?

8 En base a todo lo que hemos visto en este capítulo, elabore un 'plan de trabajo' con las pautas que deberíamos seguir para ayudar al hermano 'desinflado'.

'Por eso, anímense y edifíquense unos a otros, tal como lo vienen haciendo.' 1 Tesalonicenes 4.11)

3 El 'enemigo'

Realmente, no era para tanto... o tal vez sí. De todos modos, lo que pasó es lo siguiente.

A Juan le gustaba la música. Tenía su colección de cassetts, y disfrutaba mucho de ellos. Pero un día, para su cumpleaños, su tío le regaló un CD de música. Juan quedó contento, pero con un problema. Su equipo de música no tenía para escuchar CD.

Decidió pedirle a un amigo, Samuel, que le preste su equipo de música con lector de CD. Lo llevó a su casa, escuchó su CD varias veces, y al día siguiente le devolvió el equipo a su amigo. Pero esa misma noche Samuel fue a verlo.

—Juan ¿qué pasó? El equipo no anda bien.

—Ah, no sé. Cuando yo lo usé, funcionaba 10 puntos.

—Pero Juan, algo tiene que haber pasado. La tecla para abrir no funciona.

—No sé nada de eso. Te devolví el equipo tal como lo recibí.

Y así se creó la brecha. Samuel estaba convencido de que Juan tenía la culpa, pero éste lo negaba rotundamente. Después de esta circunstancia, cuando se veían se saludaban, pero luego se producía silencio. Habían sido amigos, pero ahora...

La enemistad es más que la falta de amistad. Hay muchas personas que conocemos, las saludamos, son buenos hermanos, pero la relación es esencialmente impersonal, y a veces fría.

En realidad, se puede crear una escala aproximada de relaciones de esta forma:

El amigo íntimo.
El amigo casual, los vecinos.
Los compañeros de trabajo.
El 'indiferente', conocido pero nada más.
El que preferimos evitar.

En este último caso, hay algo que no anda bien. Pasó algo en un momento del pasado, algo que dijimos o hicimos que levantó una barrera. Pues ese hermano, que no es amigo ni parte del grupo de los 'indiferentes' es el 'enemigo'. (Nota 1)

Vamos a ver dos pasajes bíblicos que tratan el tema. El primero es Mateo 5.43-48. Conviene leerlo en más de una versión de la Biblia (nota 2). El Señor comenta acerca de un refrán que seguramente circulaba entre la gente del pueblo:

'Ama a tu prójimo y odia a tu enemigo.'

1   La gente de hoy ¿diría lo mismo?

2   ¿Que es 'amar al enemigo'? ¿Qué significa en la práctica?

3 ¿Cómo responderías a la pregunta del versículo 46?

4 ¿Cómo responderías a la pregunta del versículo 47?

5 En el contexto de este pasaje, ¿qué es ser 'perfecto' (v. 48)?

6 ¿Cómo te ayuda este pasaje relacionándolo con el ejemplo de Juan y Samuel?

El segundo pasaje que hemos de ver es Romanos 12.17-21. Habla del mismo tema, pero con otro enfoque.

7 En el contexto nuestro, de la iglesia y entre hermanos, ¿qué sería 'tomar venganza' del enemigo?

8 ¿Por qué no debemos hacerlo?

El v. 20 dice, literalmente:

'Actuando así, brasas de fuego amontonarás sobre su cabeza.'

Es decir, esta es la consecuencia de hacer bien al enemigo. Note cómo las diferentes versiones traducen la frase.

9 ¿Qué impresión te da personalmente esa expresión literal?

'Vencer el mal con el bien' (v. 21) es un principio que se aplica a muchas dimensiones de la vida cristiana. El Señor lo hizo... y nos llama a hacer lo mismo.

Otro tema muy relacionado con el de 'el enemigo' es el perdón. Realmente merece un estudio aparte. Pero veamos un solo pasaje, Mateo 18.21-35.

10 ¿Por qué es tan urgente el tema del perdón?

11 ¿Cómo debe el perdón afectar a la relación con mi 'enemigo'?

12 Escribe otro final para la historia de Juan y Samuel

Amar al enemigo no es fácil. Pero para muchos de nosotros, es un tema urgente. No podemos ser las personas que Dios quiere que seamos, ni la iglesia que Dios quiere, si no lo aprendemos.

Notas

1 - El diccionario Larousse dice que el enemigo es el contrario. El Diccionario de la Lengua Española agrega: 'El que tiene mala voluntad a otro y le desea o le hace mal.'

2 - Los comentaristas afirman que el versículo 44 de la versión Reina Valera tiene agregado una expresión que no aparece en los mejores manuscritos antiguos ('bendecid a los que os maldicen'). El original dice simplemente que debemos amar y orar por los enemigos. Ver otras versiones. En la RV95 una nota al final de la página confirma lo mismo.

4 El 'tradicionalista'

Podemos observar en la mayoría de las iglesias dos polos, dos clases de personas que a menudo viven en conflicto.

Por un lado encontramos los que están cómodos en que la iglesia esté como está, no quieren cambios. Están convencidos de que Dios aprueba a la iglesia tal como es, y se resisten fuertemente a cualquier intento de cambio. Los llamo los 'tradicionalistas'.

Por otro lado están los inquietos, que piensan que la iglesia necesita renovarse, revisar sus tradiciones, probar cosas nuevas. No están muy contentos con la iglesia porque piensan que está estancada. A estos los llamo los 'renovadores' y hablaremos de ellos en el próximo estudio.

Vamos a tomar el pasaje de Romanos 14.1-12 como base para este estudio, porque trata justamente el tema de los 'tradicionalistas' y los 'renovadores'. Por supuesto es otra época y otra cultura, sin embargo Pablo habla de personas que guardaban ciertas cosas, y otras que no. Aunque Pablo utiliza otros términos para calificar a esas personas.

1 Según este pasaje, ¿cómo llama Pablo a:

a/ los 'tradicionalistas'?

b/ los 'renovadores'?

No son necesariamente los nombres que nosotros hubiésemos utilizado.

2 ¿Qué razón puede haber tenido Pablo de calificarlos así? ¿Qué implica esas calificaciones?

Lo que Pablo destaca en estos versículos es la actitud que debemos tener los unos hacia los otros.

3 Según Pablo, ¿cómo pueden ver los otros creyentes a los 'tradicionalistas'; cómo son vistos, especialmente por los 'renovadores'?

4 ¿Por qué han de asumir esa actitud en particular? ¿Qué ha de motivarlos?

5 ¿Por qué es importante tomar en cuenta el v. 6?

Los temas 'candentes', los temas que pueden crear conflictos, son diferentes actualmente. Vivimos en otro contexto histórico, otra cultura. Aunque cada tanto uno encuentra conflictos en la actualidad entre los creyentes que no están muy lejos de los que enfrentó Pablo.

6 ¿Cuáles eran los temas que causaron conflictos según esta parte de la carta de Pablo?

7 ¿Hay algo equivalente en nuestras iglesias hoy, es decir, temas que crean conflictos entre los 'tradicionlistas' y los 'renovadores'? Dé ejemplos actuales.

8 ¿Cuáles son las razones que da Pablo para no ver mal ni hablar mal de los 'tradicionalistas'?

9 En resumen, ¿por qué el tradicionalista puede ser el 'hermano difícil'?

10 Según Romanos 14.1-12 ¿qué actitud debemos asumir frente a los tradicionalistas?

5 El 'renovador'

El problema de este estudio y el anterior es que tanto el 'renovador' como el 'tradicionalista' representan beneficios y a la vez peligros para la iglesia.

El 'tradicionalista' hace bien en sospechar de cualquier novedad o cambio que pueda perjudicar la vida de la iglesia. Pero a la vez su influencia puede resultar en una iglesia estancada, presa de la rutina y aferrada a la ley.

Vamos a pensar ahora en la influencia del 'renovador'.

En Romanos 14.1-12 vimos que la tendencia de los 'renovadores' era despreciar a los 'tradicionalistas'.

1 ¿Qué actitud pueden tener los 'tradicionalistas' hacia los 'renovadores' según Romanos 14.1-12?

2 ¿Qué dice Santiago 4.11-12 acerca de esa actitud?

Si bien los renovadores pueden representar un elemento saludable para la iglesia, también pueden ser un peligro.

3 Uno de esos peligros, por ejemplo, se describe en 1 Corintios 4.6 y Efesios 4.14. Descríbalo.

4 ¿Has visto este peligro en tu iglesia o en otra? Explique.

5 Hechos 20.30-31 menciona otro aspecto de este peligro.
a/ ¿Cuál es?

b/ ¿Cómo debemos enfrentarlo, según este pasaje?

6 En Romanos 16.17, 1 Corintios 1.10 y Tito 3.10 vemos otro de los peligros que existe cuando hay renovadores en la iglesia.
a/ ¿Cuál es el peligro?

b/ ¿Cómo debemos enfrentarlo?

Vamos a resumir lo que hemos visto en estos dos estudios.

7 Cuando hay tradicionalistas en la iglesia,
a/ ¿qué aporte positivo pueden dar?

b/ ¿qué peligro pueden representar?

8 De la misma manera, cuando hay renovadores en la iglesia,
a/ ¿qué aporte positivo pueden dar?

b/ ¿qué peligro pueden representar?

Termino con un tema más, uno que toca a los dos extremos que hemos visto.

9 Explique el consejo de estos cuatro pasajes: 1 Timoteo 6.20-21, 2 Timoteo 2.14, 2.23.

6

El 'caído'

La noticia cayó como un balde de agua helada. Yo había conocido a Juan durante muchos años, y recuerdo algunas conversaciones muy provechosas que tuve con él. Era conocido por todos como un hombre de Dios y fundador de un ministerio importante.

Luego nos sorprendió la noticia: Juan había abandonado a su familia para irse con su secretaria, quien también abandonó su familia. ¡Qué difícil de creer! Pero lamentablemente, el nombre de Juan se agregó a la lista de los grandes hombres de Dios que se han desviado. '¡Cómo han caído los valientes!' (2 Samuel 1.19)

Cito el caso de Juan (no es su nombre verdadero) como un ejemplo para todos nosotros. '..si alguien piensa que está firme, tenga cuidado de no caer.' (1 Corintios 10.12) El peligro existe para todos. ¿Pero qué debemos hacer si un hermano cae?

Primeramente veamos otro ejemplo en 1 Corintios 5.1-6. Normalmente nos fijamos en el pecado del hombre, pero ahora nos interesa la posición de la iglesia.

1   ¿De qué manera enfrentó la iglesia al pecado de ese hombre?

2 ¿Cómo debía haber sido la reacción de la iglesia?

Entre nosotros existen por lo menos dos problemas. El primero es que tenemos una 'escala' de pecados. Algunos nos dan horror... otros los aceptamos como si fueran normales. Veamos un ejemplo.

3 Busque Marcos 7:21-23.
a/ ¿Hay alguna indicación aquí de que algunos pecados son 'peores' que otros? Explique.

b/ ¿Cuáles de los pecados de esta lista son aceptados por la iglesia, es decir, existen, pero no les prestamos mucha atención?

Nos olvidamos que los 'pecados' son síntomas de una enfermedad interior, una enfermedad del 'corazón' (Marcos 7.21). A una persona con SIDA le espera la muerte. Algunos infectados no muestran síntomas graves, mientras otros parecen ya muertos. Sin embargo, todas enfrentan la misma muerte.

Así también el pecado. Nosotros tenemos la tendencia de mirar los pecados y decir 'éste pecado no es más grave que aquel otro', pero si miramos a las personas como Dios las ve, todos están igualmente graves.

El segundo problema de las iglesias es la tendencia de evitar un problema, de fingir que no existe. Todo el mundo sabe que el hijo del diácono está durmiendo con Susana, pero nadie se atreve a enfrentar la situación, nadie quiere crear 'problemas'.

4 ¿Está bien o está mal esta situación? ¿Por qué?

5 ¿Qué consecuencias puede traer esta actitud de la iglesia para:
a/ la pareja?

b/ la iglesia misma?

Gálatas 6.1-2 dice que debemos ayudar al hermano que cae en pecado. No es tarea solamente de los pastores.

6   Según estos versículos, ¿cómo debemos hacerlo? Explica en tus propias palabras cómo debemos actuar.

Mateo 18.15-17 habla del hermano que 'peca contra ti' (versículo 15), pero ofrece pasos para seguir en cualquier caso de un hermano que cae en pecado. El Señor destaca cuatro pasos que pueden ser necesarios.

7   Explica lo que significan en la práctica estos cuatro pasos:
1/

2/

3/

4/

Si la iglesia es un cuerpo, entonces todos debemos hacer lo posible para curar las heridas. Si la iglesia es una familia, en consecuencia nos toca a todos eliminar las asperezas. Si la iglesia es un templo, entonces nos toca a todos mantenerlo.

8   ¿Cómo entiendes Santiago 5.19-20?

9   ¿Qué agrega Proverbios 24.11, 12 al tema?

Qué el Señor nos ayude a preocuparnos los unos por los otros por igual. (1 Corintios 12.25)

7 El 'limitado'

Nunca voy a olvidarme de Samuel. Un hombre de unos 40 años pero con la mente de un chico de 4 o 5 años. Venía fielmente a las reuniones de la iglesia. Cantaba un poco atrasado, con una voz fuerte y fuera de tono. Cada tanto tenía roces con alguien, especialmente con algunos jóvenes. Abrazaba, gritaba, lloraba. Está grabado en mi memoria la reunión de la Cena del Señor que Samuel pasó llorando en mi hombro.

Los 'Samuel' pueden venir de muchas formas. Son esas personas que tienen una limitación mental o física, y como consecuencia, tienen necesidades especiales. Y, por supuesto, pueden haber casos muy difíciles.

Nuestro Samuel ya no está con nosotros. Y mirando atrás, veo que Samuel me hizo mucho bien.

1 ¿Por qué le hace bien a la iglesia tener un 'Samuel' (o varios)?

Ahora, la Biblia no habla tan directamente acerca de esta clase de dificultades, como en los otros casos que hemos visto. Sin embargo hay pautas que se aplican a esta situación también.

2 ¿Por qué Efesios 4.2 es especialmente importante cuando tenemos personas limitadas?

3 1 Corintios 12.22-25 habla más específicamente de este tema. ¿Cómo lo aplicamos en este caso?

4 Un tercer pasaje sería 1 Pedro 4.8. Otra vez, cómo lo aplicamos en el caso del 'limitado'?

Por supuesto, no todas las personas limitadas son como Samuel. Puede haber una variedad de casos, y la iglesia debe estar en condiciones de recibirlos y darles el cuidado que merecen.

A continuación hay una lista de posibles personas limitadas. En el espacio provisto, debes indicar qué cuidados especiales necesitan. Menciono 3 casos específicos, pero doy espacio para que puedas agregar otros.

5

Persona   **Necesidades**
especiales

a/ Ciega.

b/ Anciana.

c/ Persona en silla de ruedas.

d/

e/

Todos nosotros tenemos nuestras limitaciones. Ninguno es perfecto. No es que hay algunas personas limitadas y otras no, sino que algunos pueden tener más limitaciones que otros.

Ofrezco 1 Tesalonicenses 5.14 como la conclusión de este capítulo.

8   ¿Y si soy yo...?

Después de considerar esta serie de posibles 'hermanos difíciles', debemos enfrentar la pregunta inevitable: '¿Y si yo soy el hermano difícil?'

Para la mayoría de nosotros, la respuesta inmediata sería '¡Por supuesto que no lo soy!'. Pero creo que debemos pensarlo con tranquilidad. Porque bien puede haber algo en mi caracter, mi manera de ser o actuar, que sea preocupante o chocante para otros.

1   Piense en esta pregunta sin apuros. ¿Reconoces algo en tu vida que da lugar para que parezcas como el 'hermano difícil' para otros?

La mejor manera de comenzar el tema es uniendo dos textos del Antiguo Testamento.

2   ¿Por qué nos conviene, o es necesario, que comencemos el tema con el planteo de Salmo 139.23, 24 y Jeremías 17.9, 10?

El 'problema' de pedir lo que pide el Salmo 139.23 es que Dios puede respondernos, y obligarnos a enfrentar la realidad. Y la realidad reside en que la gran mayoría de nosotros no nos conocemos a nosotros mismos. Por eso puede haber por lo menos cuatro diferentes 'yo'.

El 'yo' público. Es la persona que soy en la iglesia, en la calle. Cuando la gente piensa en mí, normalmente piensa en ese 'yo'.

El 'yo' que soy en privado, en mi hogar, y a veces en el trabajo. Ya no tengo que cuidar tanto la 'apariencia' y no es raro que haga cosas en casa que no haría en público. Pocas personas conocen ese 'yo'.

El 'yo' que pienso que soy. Y este 'yo' puede ser muy diferente a los anteriores. Pueden haber muchas circunstancias de la vida que inhiben que exterioricemos ese 'yo', pero sentimos profundamente que 'así soy yo en realidad, aunque nadie se da cuenta'.

El 'yo' que solamente Dios conoce. Y de nuevo, puede haber muchas diferencias entre lo que Dios ve y lo que los demás vemos. Porque no nos conocemos, y somos expertos en engañarnos a nosotros mismos.

3   ¿Qué diferencias ves en tu propia vida entre el concepto 1 y el 2 de tu 'yo'?

4   ¿Ves diferencias entre los conceptos 2 y 3?

El problema nace, entonces, cuando el 'yo' que pienso que soy (3) defiende la verdad, objeta a los 'errores', refuta a las 'mentiras', pero lo hago de tal manera que el resultado es un 'yo' público difícil.

Porque hay maneras y maneras de decir las cosas, de enfrentar a mis hermanos.

5 ¿Cómo, por ejemplo, aplicas Santiago 3.13-18 a este tema?

Supongo que ahora me doy cuenta de que para algunos, soy un 'hermano difícil'. ¿Qué hago? Porque la mayoría de nosotros hemos intentado cambiar, y sabemos que no es tan fácil.

6 El proceso obvio lo describe Efesios 4.22-24. Explíquelo.

En un sentido, el tema de cambiar algún aspecto de nuestra vida es fácil. Efesios 4.22-24 lo dice con claridad. Sin embargo, es mucho más fácil decirlo que hacerlo.

El **primer** paso para solucionar un problema es reconocer que el problema existe.

El **segundo** paso debe ser obvio para todo hijo de Dios: orar. Pedirle ayuda a Dios diariamente, persistentemente. Que sea un tema de conversación continua entre el Señor y yo.

Y, en el momento apropiado, la confesión. Es esencial mantener cuentas cortas con el Señor cuando reconocemos un problema en nuestra vida.

7 ¿Qué promete Dios junto con el perdón, según 1 Juan 1.9?

Tercero, pide discernimiento, sensibilidad hacia tí mismo y hacia los demás. ¿Por qué Fulando reaccionó de esa manera a lo que dije? ¿Era mi manera de hablar o las expresiones que usaba?

Con la ayuda de Dios y la práctica podemos reconocer las circunstancias cuando, por una palabra o acción, hemos caído mal a un hermano.

8 Y, como consecuencia, debemos aplicar Efesios 4.32. Explique.

Cuarto, busca la ayuda de otra persona, alguien en que tienes confianza, y quien puede ser honesto en el trato personal. Pídele que sea tu consciencia, que te observe, que te controle. El amigo que nos puede reprender es un amigo verdadero.

9 ¿Qué tiene que ver Proverbios 27.5, 6 y 28.23 con este punto?

Qué el Señor nos ayude a todos ser 'hermanos fáciles' y no 'hermanos difíciles'..

Conclusión

A esta altura del estudio debes darte cuenta de que el título de este cuaderno bien podría haber sido "Pero la más excelente de ellas es el amor." (1 Corintios 13.13)

Porque con este cuaderno he intentado aterrizar el tema a un mundo práctico, a un mundo donde no es siempre fácil amar. Nunca en esta tierra estaremos en el ambiente perfecto, donde todos cumplimos 100% con la ley del amor. Pero lo que sí podemos hacer, cada uno, es cumplir con Romanos 12.18.

Sí, que el Señor nos a yude.

Cómo utilizar este cuaderno

Estos cuadernos son *guías de estudio*, es decir, su propósito es guiarle a usted para que haga su propio estudio del tema o libro de la Biblia que desarrolla este material.

El cuaderno propone un diálogo. En él introducimos el tema, sugerimos cómo proceder con la investigación, comentamos, pero también preguntamos. Los espacios después de las preguntas son para que usted anote su respuesta a ellas.

Esperamos que, por medio del diálogo, le ayudemos a forjar su propia comprensión del tema. No de segunda mano, como cuando se escucha un sermón, sino como fruto de su propia lectura y investigación.

¿Cómo hacer el estudio?

1 - Antes de comenzar, ore. Pida ayuda a Dios que le hable y le dé comprensión durante su estudio.

2 - Se deben leer los pasajes bíblicos más de una vez y preguntarse: ¿Qué dice el autor? Aunque muchos utilizan la versión Reina-Valera de la Biblia, conviene tener otra versión o versiones disponibles para comparar los pasajes entre las dos. La "Versión popular" y la "Nueva versión internacional" le pueden ayudar a ver el pasaje con más claridad.

3 - Siga con la lectura de la lección. Responda lo mejor que pueda a las preguntas.

4 - Evite la tendencia de "apurarse para terminar". Es mejor avanzar lentamente, pensando, preguntando, aclarando.

En grupo

El estudio personal es de mucho valor pero se multiplican los beneficios si lo acompaña con el estudio en grupo. Un grupo de hasta

8 personas es lo ideal. Pero, puede ser que por diferentes motivos el grupo esté formado por usted y una persona más, aun así, es mejor que estudiar solo.

En realidad, estos cuadernos han sido diseñados con ese motivo: estimular el estudio en células, en grupos pequeños.

La manera de hacerlo es fácil:

1 - **Usted hace en forma personal una de las lecciones del cuaderno**. Aun cuando pueda haber cosas que no entienda bien, haga el mayor esfuerzo posible para completar la lección.

2 - **Luego se reune con su grupo**. En el grupo comparten entre todos las respuestas de cada pregunta. Puede ser que no tengan las mismas respuestas, pero comparando entre todos las van aclarando y corrigiendo.

Es durante este compartir semanal de una hora y media, este diálogo entre todos, donde se encuentra la verdadera riqueza y que nos provée esta forma de estudio.

3 - **Evite salirse del tema**. El tiempo es oro, y lo más importante es enfocar todo el esfuerzo del grupo en el tema de la lección. Luego, pueden dedicar tiempo para conocerse más y tener un rato social.

4 - **Participe**. Todos deben participar. La riqueza del trabajo en grupo es justamente eso.

5 - **Escuche**. Hay una tendencia de apurar nuestras propias opiniones sin permitir que el otro termine. Vamos a aprender de cada uno, aun de los que, según nuestra opinión, están equivocados.

6 - **No domine la discusión**. Puede ser que usted tenga todas las respuestas correctas, sin embargo es importante dar lugar a todos, y estimular a los tímidos a participar. No se trata de sobresalir, sino de compartir aprendiendo juntos.

Si en el grupo no hay una persona con experienca en coordinarlo, se puede encontrar ayuda para dirigir un grupo en:

1 - Nuestra página web, www.edicionescc.com. La sección "Capacitación" ofrece una explicación breve del método de estudio.

2 - En las últimas páginas de nuestro catálogo se ofrece también una orientación.

3 - El cuaderno titulado "Células y otros grupos pequeños" es un curso de capacitación para los que desean aprender cómo coordinar un grupo.

4 - Hay algunas guías que disponen de un cuaderno de sugerencias para el coordinador del grupo.

Finalmente diremos que las guias no contienen respuestas a las preguntas ya que el cuaderno es exactamente eso, una guia, una ayuda para estimular su propio pensamiento, no un comentario ni un sermón. Le marcamos el camino, pero usted lo tiene que seguir.

Que el Señor lo acompañe en esta tarea y si necesita ayuda, comuníquese con nosotros. Estamos para servirle.

Se terminó de imprimir en
Talleres Gráficos de
Ediciones CC
Córdoba 419 - Villa Nueva, Pcia de Córdoba
Mayo de 2014
IMPRESO EN ARGENTINA

www.ingramcontent.com/pod-product-compliance
Lightning Source LLC
Chambersburg PA
CBHW060631030426
42337CB00018B/3299